Impressum
Verlag: BABADADA GmbH, Nedderfeld 112 , 22529 Hamburg
Geschäftsführer / Verlagsleitung: Harald Hof
Druck: Books on Demand GmbH, In de Tarpen 42, 22848 Norderstedt

Imprint
Publisher: BABADADA GmbH, Nedderfeld 112 , 22529 Hamburg, Germany
Managing Director / Publishing direction: Harald Hof
Print: Books on Demand GmbH, In de Tarpen 42, 22848 Norderstedt, Germany

училище

skola

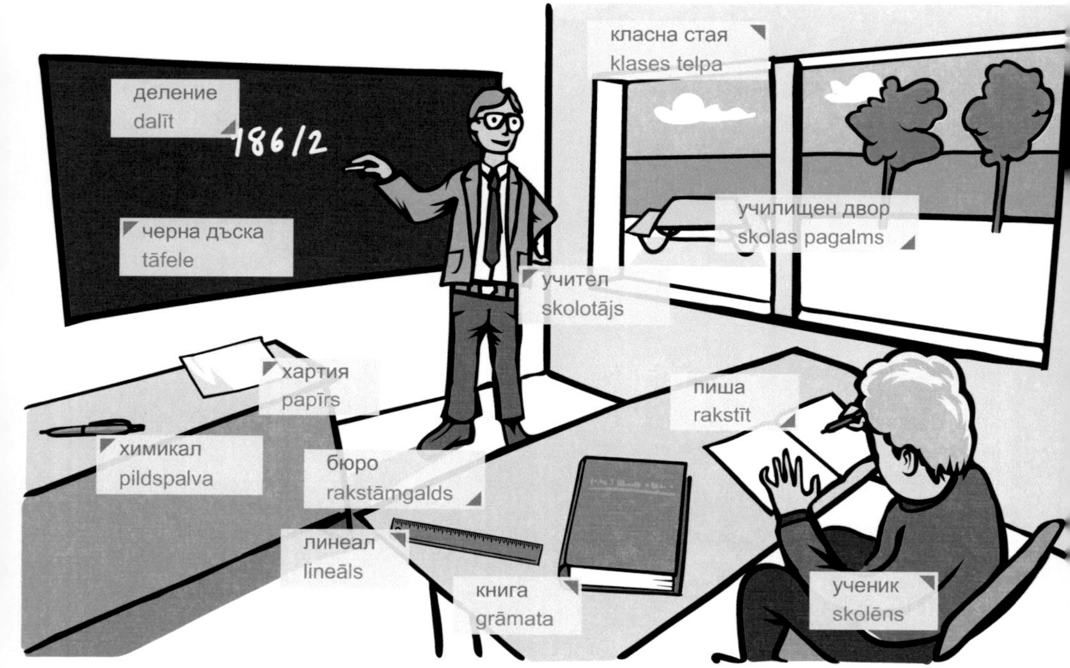

класна стая
klases telpa
деление
dalīt
186/2
черна дъска
tāfele
училищен двор
skolas pagalms
учител
skolotājs
хартия
papīrs
пиша
rakstīt
химикал
pildspalva
бюро
rakstāmgalds
линеал
lineāls
книга
grāmata
ученик
skolēns

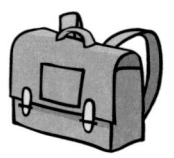

ученическа раница

skolas soma

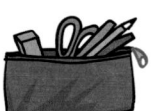

ученически несесер

penālis

молив

zīmulis

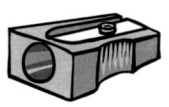

острилка за моливи

zīmuļu asināmais

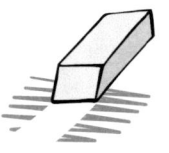

гума

dzēšgumija

блок за рисуване

zīmēšanas bloks

рисунка

zīmējums

четка

ota

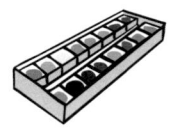

акварелни бои

krāsas

ножица

šķēres

лепило

līme

тетрадка за упражнения

darba burtnīca

домашна работа

mājas darbs

число

skaitlis

събиране

saskaitīt

изваждане

atņemt

умножение

reizināt

смятане

rēķināt

буква

burts

азбука

alfabēts

дума

vārds

текст

teksts

чета

lasīt

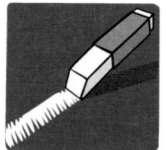

тебешир

krīts

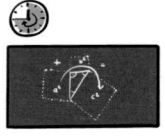

час

mācību stunda

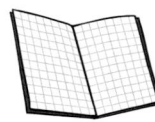

дневник на класа

žurnāls

изпит

eksāmens

свидетелство

liecība

ученическа униформа

skolas forma

образование

izglītība

справочник

enciklopēdija

университет

universitāte

микроскоп

mikroskops

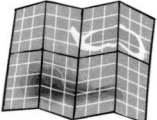

карта

karte

кошче за хартиени
отпадъци

papīrgrozs

пътуване

ceļojums

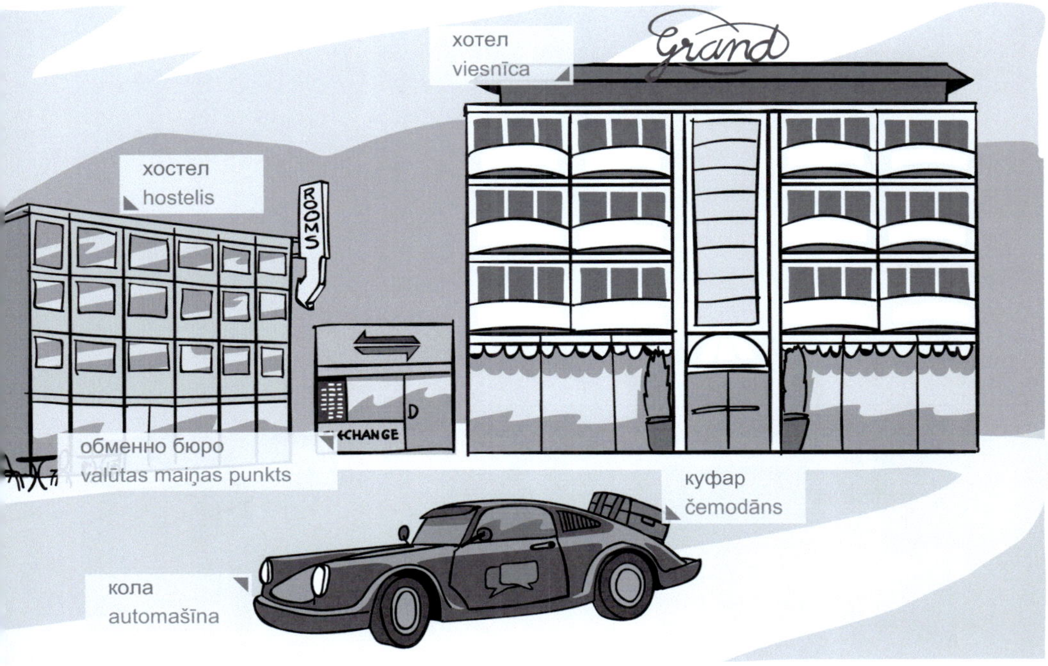

хотел
viesnīca
Grand
хостел
hostelis
ROOMS
EXCHANGE
обменно бюро
valūtas maiņas punkts
куфар
čemodāns
кола
automašīna

език

Valoda

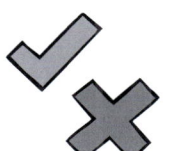

да / не

jā / nē

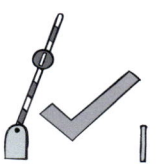

Окей

Okay

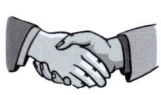

здравей

Sveiki!

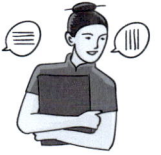

преводач

tulks

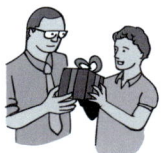

Благодаря

paldies

Колко струва…?

Cik maksā…?

Не разбирам

Es nesaprotu

проблем

problēma

Добър вечер!

Labvakar!

Добро утро!

Labrīt!

Лека нощ!

Ar labu nakti!

довиждане

Uz redzēšanos

посока

virziens

багаж

bagāža

пътна чанта

soma

раница

mugursoma

посетител

viesis

стая

istaba

спален чувал

guļammaiss

палатка

telts

туристическа информация
тūrisma informācija

плаж
pludmale

кредитна карта
kredītkarte

закуска
brokastis

обед
pusdienas

вечеря
vakariņas

билет
biļete

асансьор
lifts

пощенска марка
pastmarka

граница
robeža

митница
muita

посолство
vēstniecība

виза
vīza

паспорт
pase

транспорт
transports

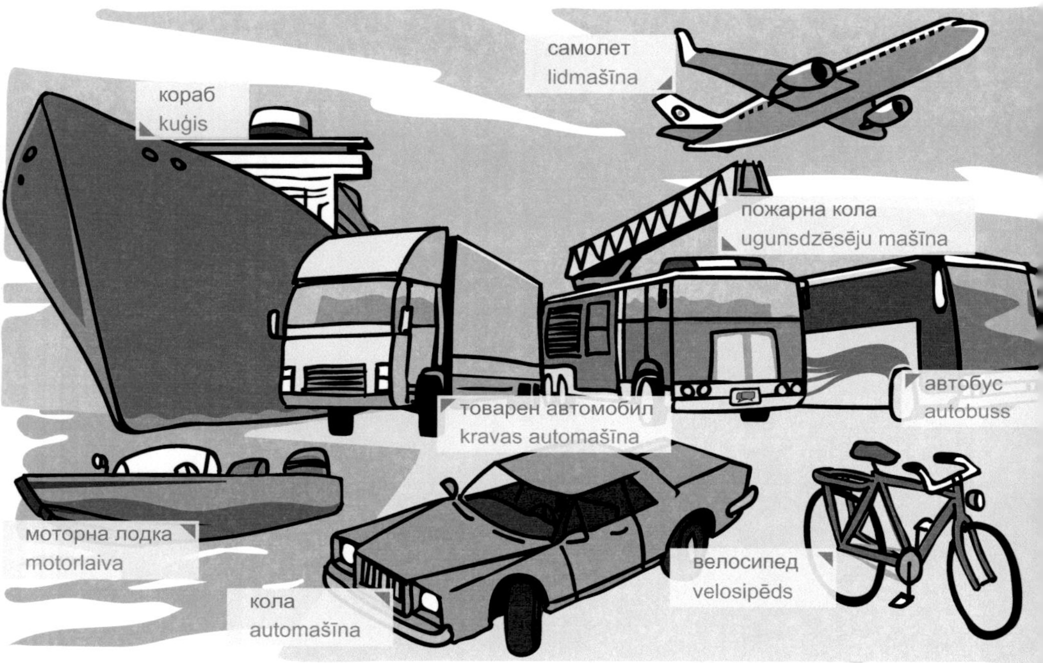
самолет
lidmašīna
кораб
kuģis
пожарна кола
ugunsdzēsēju mašīna
автобус
autobuss
товарен автомобил
kravas automašīna
моторна лодка
motorlaiva
велосипед
velosipēds
кола
automašīna

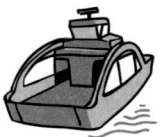

ферибот

prāmis

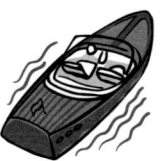

лодка

laiva

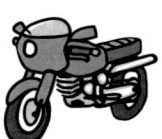

мотоциклет

motocikls

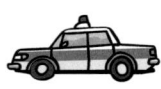

полицейска кола

policijas automašīna

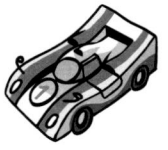

състезателна кола

sacīkšu automobilis

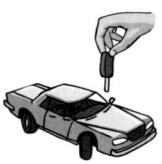

кола под наем

nomas auto

каршеринг

auto koplietošana

автомобил от "Пътна помощ"

evakuators

сметовоз

atkritumu mašīna

двигател

dzinējs

бензин

benzīns

бензиностанция

degvielas uzpildes stacija

пътен знак

ceļa zīme

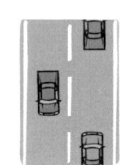

улично движение

satiksme

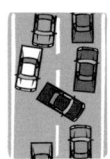

задръстване

sastrēgums

паркинг

stāvvieta

гара

dzelzceļa stacija

релси

sliedes

влак

vilciens

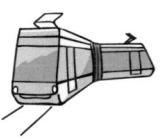

трамвай

tramvajs

вагон

vagons

хеликоптер

helikopters

аерогара

lidosta

кула

tornis

пасажер

pasažieris

контейнер

konteiners

кашон

kaste

ръчна количка

ratiņi

кошница

grozs

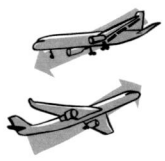

излитам / приземявам се

pacelties / nosēsties

град

pilsēta

село

ciems

градски център

pilsētas centrs

къща

māja

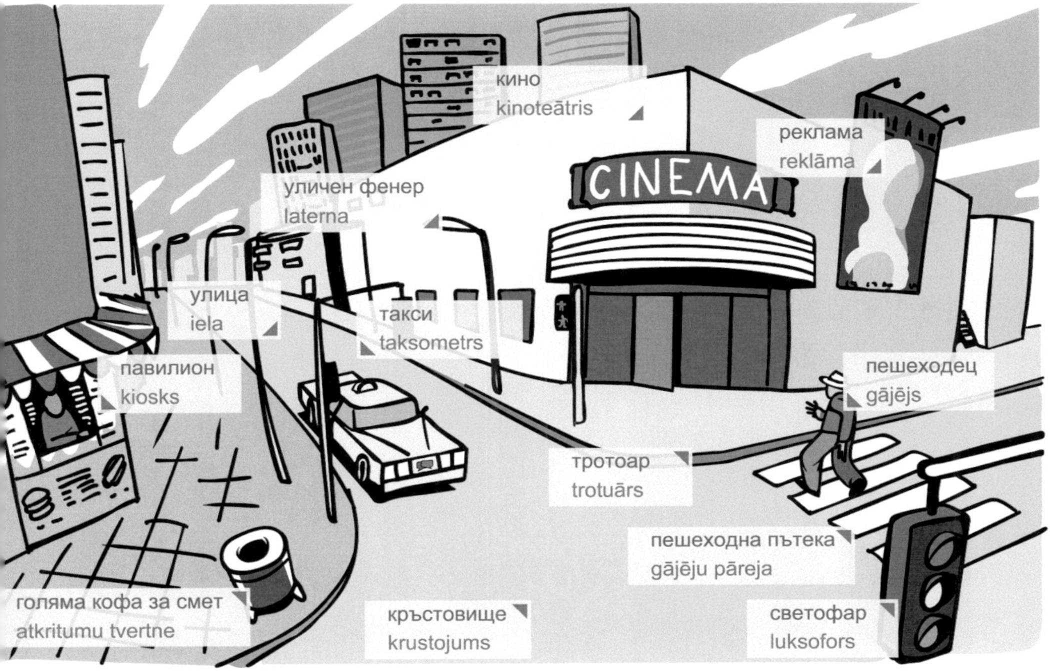

кино
kinoteātris

реклама
reklāma

уличен фенер
laterna

улица
iela

такси
taksometrs

павилион
kiosks

пешеходец
gājējs

тротоар
trotuārs

пешеходна пътека
gājēju pāreja

голяма кофа за смет
atkritumu tvertne

кръстовище
krustojums

светофар
luksofors

хижа

būda

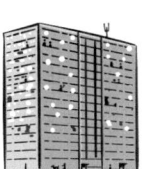

жилище

dzīvoklis

гара

dzelzceļa stacija

кметство

rātsnams

музей

muzejs

училище

skola

университет

universitāte

банка

banka

болница

slimnīca

хотел

viesnīca

аптека

aptieka

офис

birojs

книжарница

grāmatnīca

магазин за цветя

veikals

магазин за цветя

ziedu veikals

супермаркет

lielveikals

пазар

tirgus

универсален магазин

tirdzniecības centrs

търговец на риба

zivju tirgotājs

търговски център

tirdzniecības centrs

пристанище

osta

парк

parks

пейка

sols

мост

tilts

стълба

kāpnes

метро

metro

тунел

tunelis

автобусна спирка

autobusa pieturvieta

бар

bārs

ресторант

restorāns

пощенска кутия

pastkastīte

улична табелка

ielas nosaukuma plāksne

часовник за паркинг престой

stāvlaika skaitītājs

зоологическа градина

zooloģiskais dārzs

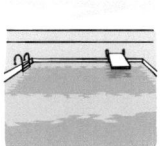

плувен басейн

peldbaseins

джамия

mošeja

селски двор

zemnieku saimniecība

замърсяване на околната среда

vides piesārņojums

гробище

kapsēta

църква

baznīca

детска площадка

spēļu laukums

храм

templis

пейзаж

ainava

листо
lapa

пътепоказател
ceļrādis

път
ceļš

ливада
pļava

камък
akmens

дърво
koks

пътешественик
ceļotājs

река
upe

трева
zāle

цвете
puķe

долина

ieleja

планина

kalns

море

ezers

гора

mežs

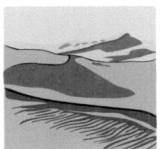

пустиня

tuksnesis

вулкан

vulkāns

замък

pils

дъга

varavīksne

гъба

sēne

палма

palma

комар

moskīts

муха

muša

мравка

skudra

пчела

bite

паяк

zirneklis

бръмбар

vabole

жаба

varde

катеричка

vāvere

таралеж

ezis

заек

zaķis

кукумявка

pūce

птица

putns

лебед

gulbis

диво прасе

meža cūka

елен

briedis

лос

alnis

бент

aizsprosts

вятърна турбина

vēja ģenerators

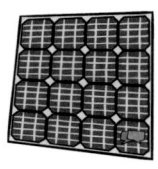

соларен модул

saules baterija

климат

klimats

ресторант

restorāns

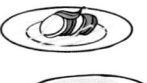

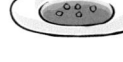

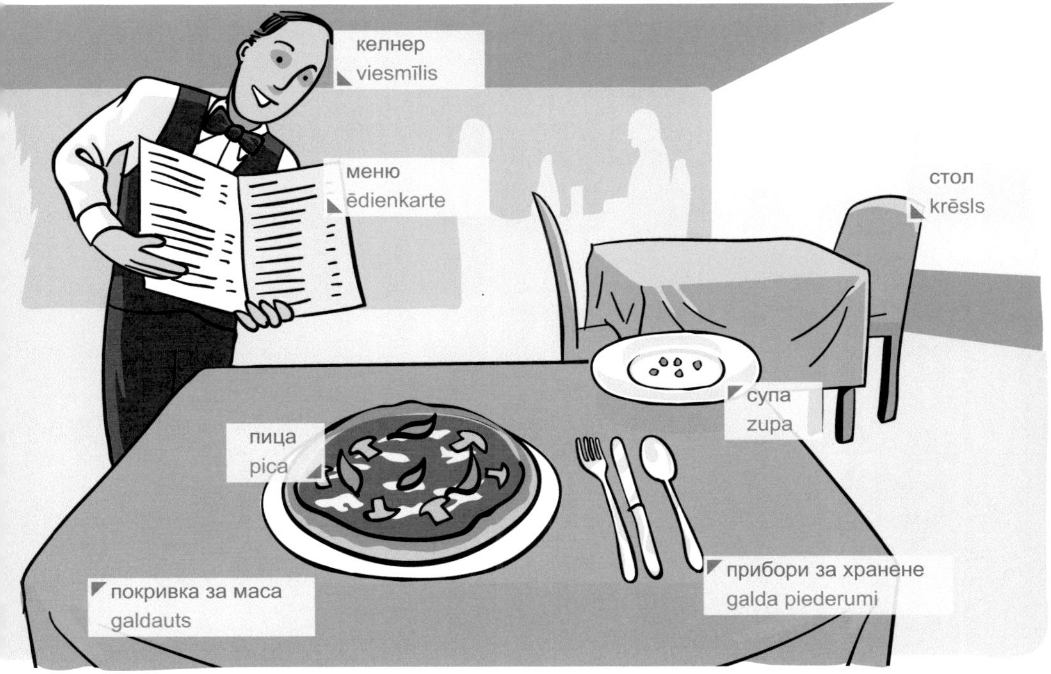
келнер
viesmīlis
меню
ēdienkarte
стол
krēsls
супа
zupa
пица
pica
прибори за хранене
galda piederumi
покривка за маса
galdauts

предястие

uzkoda

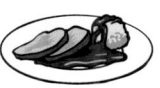

основно ястие

pamatēdiens

десерт

deserts

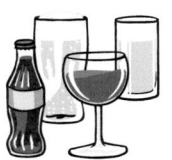

напитки

dzērieni

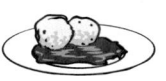

ядене

ēdiens

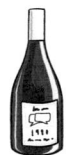

бутилка

pudele

бързо хранене

ātrās uzkodas

улична храна

ielu uzkodas

кана за чай

tējkanna

кутия за захар

cukurtrauks

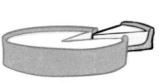

порция

porcija

еспресо машина

espresso kafijas automāts

висок детски стол

bāra krēsls

сметка

rēķins

табла

paplāte

ножица за нокти

nazis

вилица

dakša

лъжица

karote

чаена лъжичка

tējkarote

салфетка

salvete

стъклена чаша

glāze

чиния

šķīvis

чиния за супа

zupas šķīvis

чинийка

apakštase

сос

mērce

солница

sāls trauciņš

мелничка за черен пипер

piparu dzirnaviņas

оцет

etiķis

олио

eļļa

подправки

garšvielas

кетчуп

kečups

горчица

sinepes

майонеза

majonēze

супермаркет
lielveikals

оферта
piedāvājums
клиент
klients
FOR
млечни продукти
piena produkti
плодове
augļi
количка за покупки
iepirkumu ratiņi

BUTCHERS

кланица

kautuve

BAKERY

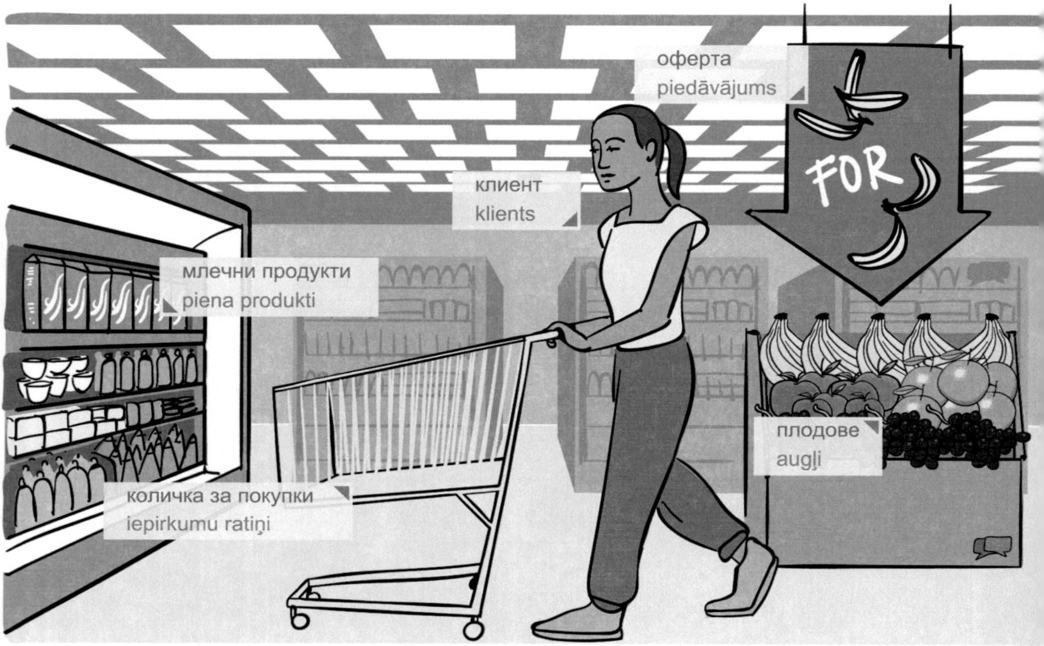

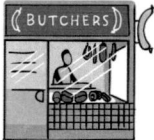

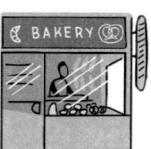

хлебарница

maizes veikals

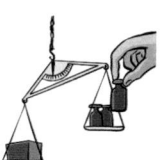

тегля

svērt

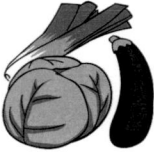

зеленчуци

dārzeņi

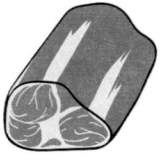

месо

gaļa

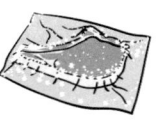

дълбоко замразена храна

saldēti produkti

нарязан колбас или сирене
aukstās gaļas uzkodas

консерви
konservi

перилен препарат
pulveris

лакомства
saldumi

домакински изделия
mājsaimniecības preces

почистващи препарати
tīrīšanas līdzeklis

продавачка
pārdevēja

каса
kase

касиер
kasieris

списък на покупките
iepirkumu saraksts

работно време
darba laiks

портфейл
maks

кредитна карта
kredītkarte

чанта
soma

пластмасова торба
maisiņš

вода

ūdens

сок

sula

мляко

piens

кола

kola

вино

vīns

бира

alus

алкохол

alkohols

какао

kakao

чай

tēja

кафе машина

kafija

еспресо

espresso

капучино

kapučīno

банан

banāns

ябълка

ābols

портокал

apelsīns

пъпеш

melone

лимон

citrons

морков

burkāns

чесън

ķiploks

бамбук

bambuss

лук

sīpols

гъба

sēne

ядки

rieksti

макарони

makaroni

спагети

spageti

ориз

rīsi

салата

salāti

пържени картофи

frī kartupeļi

печени картофи

cepti kartupeļi

пица

pica

хамбургер

hamburgers

сандвич

sviestmaize

шницел

šnicele

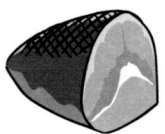

шунка

šķiņķis

траен колбас

salami

салам

desa

пиле

vista

печено

cepetis

риба

zivs

овесени ядки

auzu pārslas

мюсли

muslis

корнфлейкс

brokastu pārslas

брашно

milti

кроасан

radziņš

хлебчета

brokastu maizītes

хляб

maize

препечена филийка

tostermaize

бисквити

cepumi

масло

sviests

извара

biezpiens

сладкиш

kūka

яйце

ola

яйца на очи

cepta ola

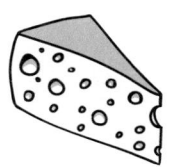

сирене

siers

сладолед

saldējums

захар

cukurs

мед

medus

мармалад

marmelāde

нуга крем

riekstu krēms

къри

karijs

ядене - ēdiens

селски двор

zemnieku saimniecība

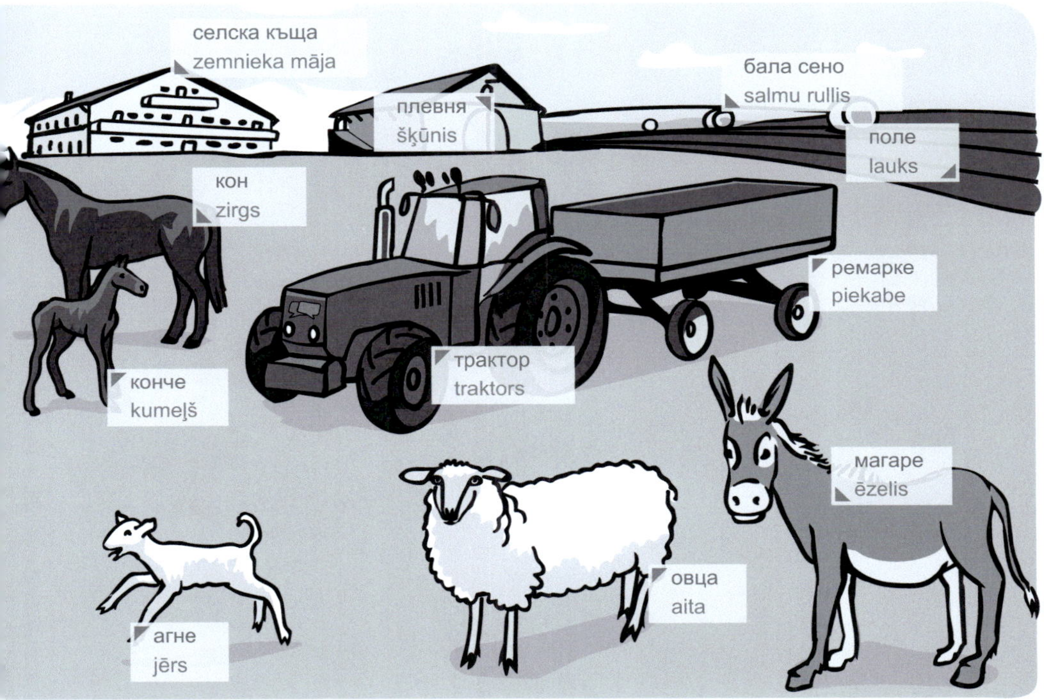
селска къща
zemnieka māja
плевня
šķūnis
бала сено
salmu rullis
поле
lauks
кон
zirgs
ремарке
piekabe
трактор
traktors
конче
kumeļš
магаре
ēzelis
овца
aita
агне
jērs

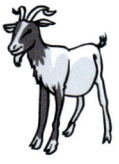

коза

kaza

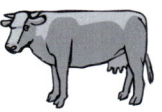

крава

govs

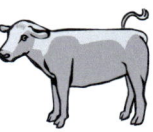

теле

teļš

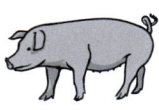

свиня

cūka

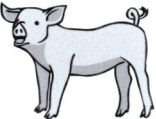

прасенце

sivēns

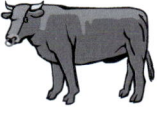

бик

bullis

гъска

zoss

патица

pīle

пиленце

cālis

кокошка

vista

петел

gailis

плъх

žurka

котка

kaķis

мишка

pele

вол

vērsis

куче

suns

кучешка колиба

suņa būda

градински маркуч

dārza šļūtene

лейка

lejkanna

коса

izkapts

плуг

arkls

сърп

sirpis

мотика

kaplis

вила за тор

mēslu dakša

брадва

cirvis

ръчна количка

ķerra

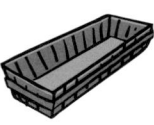

корито

sile

съд за мляко

piena kanna

чувал

maiss

ограда

žogs

обор

kūts

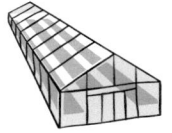

парник

siltumnīca

земя

augsne

сеитба

sēklas

тор

mēslojums

комбайн

kombains

жъна

novākt ražu

реколта

raža

ямс

jamss

жито

kvieši

соя

soja

картоф

kartupelis

царевица

kukurūza

рапица

rapsis

овощно дърво

augļu koks

маниока

manioka

зърнени храни

labība

къща

māja

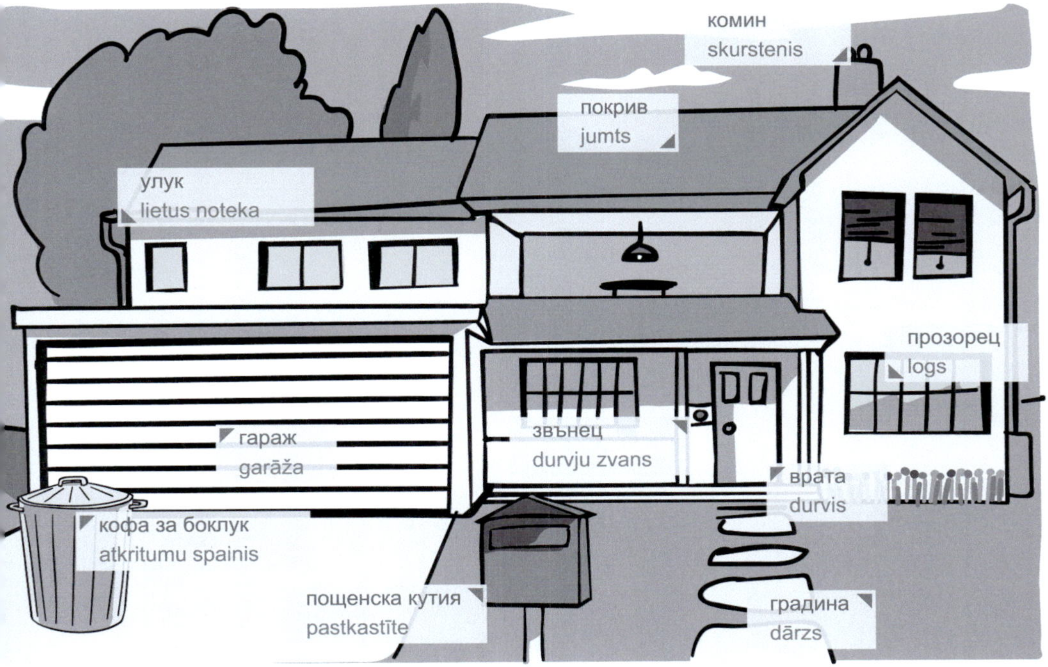
комин
skurstenis
покрив
jumts
улук
lietus noteka
прозорец
logs
гараж
garāža
звънец
durvju zvans
врата
durvis
кофа за боклук
atkritumu spainis
пощенска кутия
pastkastīte
градина
dārzs

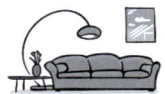

всекидневна

viesistaba

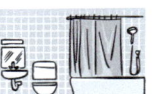

баня

vannas istaba

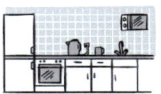

кухня

virtuve

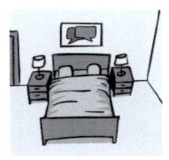

спалня

guļamistaba

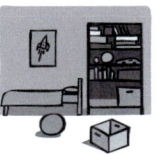

детска стая

bērnu istaba

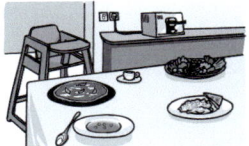

трапезария

ēdamistaba

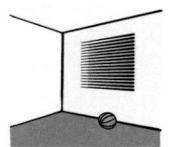

под

grīda

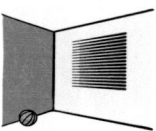

стена

siena

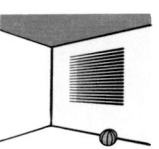

таван

griesti

изба

pagrabs

сауна

sauna

балкон

balkons

тераса

terase

плувен басейн

baseins

косачка

zāles pļāvējs

спално бельо

gultas veļa

покривка за легло

sega

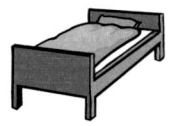

легло

gulta

метла

slota

кофа

spainis

електрически ключ

slēdzis

всекидневна
viesistaba

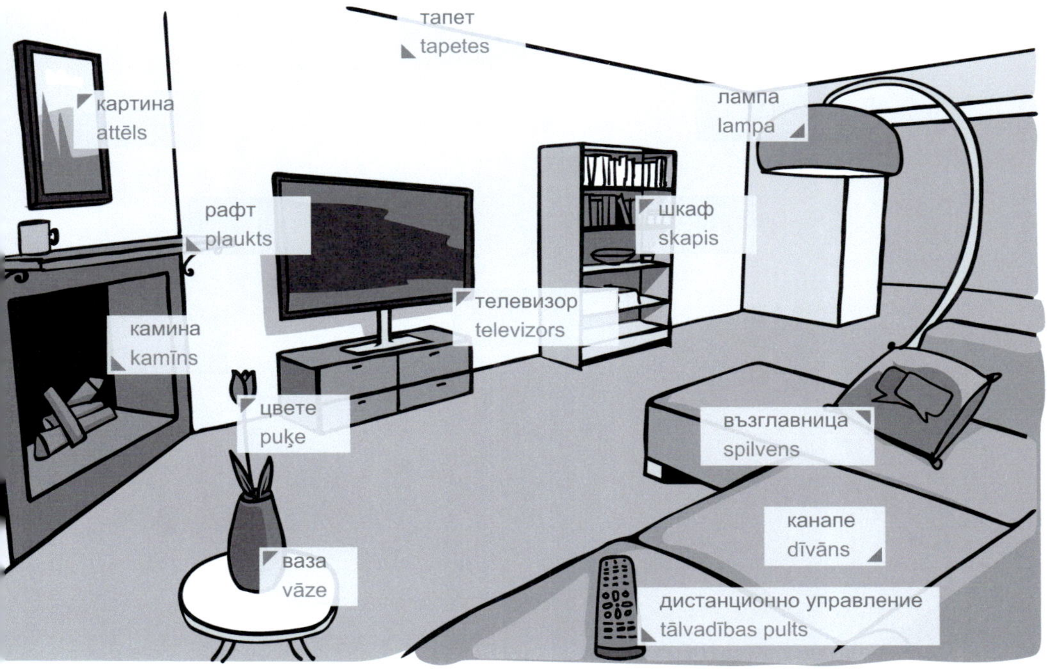

тапет
tapetes
картина
attēls
лампа
lampa
рафт
plaukts
шкаф
skapis
телевизор
televizors
камина
kamīns
цвете
puķe
възглавница
spilvens
канапе
dīvāns
ваза
vāze
дистанционно управление
tālvadības pults

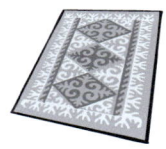

килим

paklājs

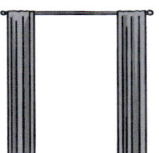

завеса

aizkars

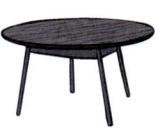

маса

galds

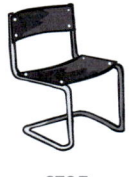

стол

krēsls

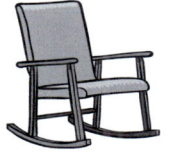

люлеещ се стол

šūpuļkrēsls

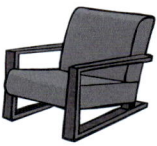

кресло

atpūtas krēsls

книга

grāmata

одеяло

sega

декорация

dekorācija

дърва за отопление

malka

филм

filma

стерео уредба

mūzikas centrs

ключ

atslēga

вестник

avīze

живопис

glezna

постер

plakāts

радио

radio

бележник

pierakstu blociņš

прахосмукачка

putekļu sūcējs

кактус

kaktuss

свещ

svece

кухня
virtuve

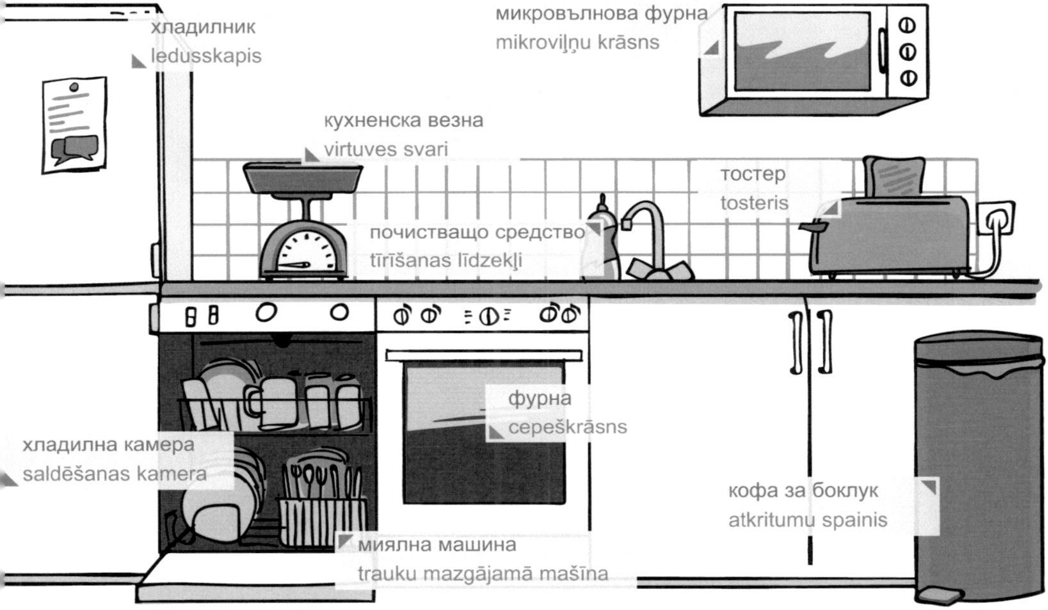
хладилник
ledusskapis
микровълнова фурна
mikroviļņu krāsns
кухненска везна
virtuves svari
тостер
tosteris
почистващо средство
tīrīšanas līdzekļi
фурна
cepeškrāsns
хладилна камера
saldēšanas kamera
кофа за боклук
atkritumu spainis
миялна машина
trauku mazgājamā mašīna

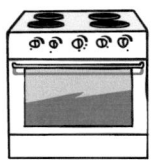

готварска печка
plīts

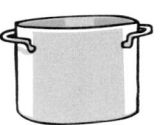

тенджера
pods

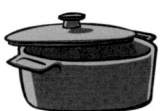

желязна тенджера
katls

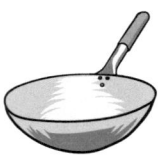

уок / кадаи
Wok panna

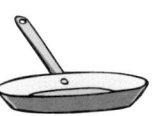

тиган
panna

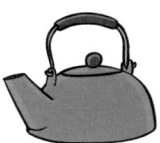

кана за затопляне на вода
elektriskā tējkanna

уред за готвене на пара

tvaika katls

тава за печене

cepešpanna

съдове

trauki

чаша

krūze

купа

bļoda

клечки за хранене

irbulīši

черпак

kauss

лопатка за тиган

lāpstiņa

тел за разбиване (на яйца, белтъци)

putošanas slotiņa

кошница за варене

sietiņš

гевгир

siets

ренде

rīve

хаван

piesta

барбекю

grilēt

огнище

atklāts pavards

дъска

dēlis

точилка

mīklas rullis

тирбушон

korķu viļķis

кутия

bundža

отварачка за консерви

konservu nazis

кухненска ръкохватка

virtuves cimdi

мивка

izlietne

четка

birste

гъба

sūklis

миксер

mikseris

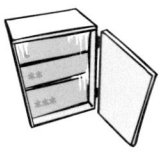

фризер

saldētava

бебешко шише

bērna pudelīte

воден кран

ūdenskrāns

баня

vannas istaba

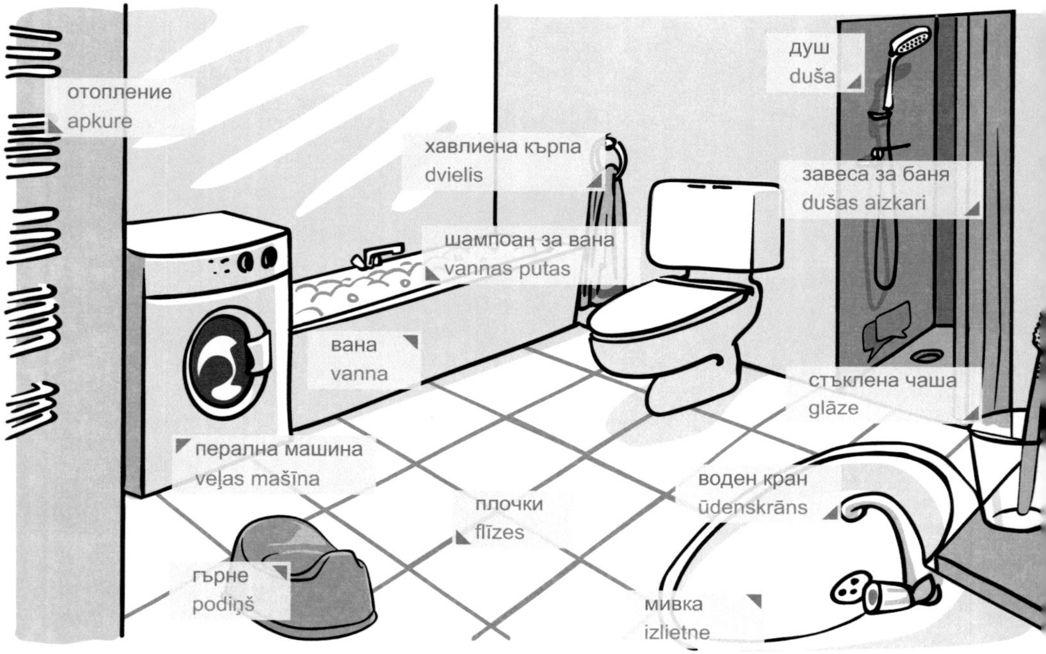

отопление
apkure
хавлиена кърпа
dvielis
душ
duša
завеса за баня
dušas aizkari
шампоан за вана
vannas putas
вана
vanna
стъклена чаша
glāze
перална машина
veļas mašīna
воден кран
ūdenskrāns
плочки
flīzes
гърне
podiņš
мивка
izlietne

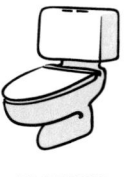

тоалетна

tualetes pods

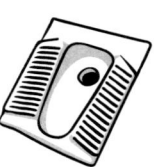

клекало

Āzijas tipa tualete

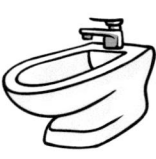

биде

bidē

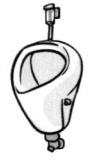

писоар

pisuārs

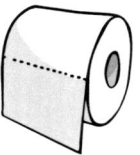

тоалетна хартия

tualetes papīs

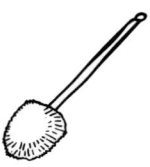

четка за тоалетна

tualetes birste

четка за зъби

zobu birste

паста за зъби

zobu pasta

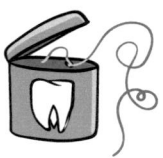

конец за зъби

zobu diegs

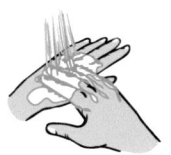

мия

mazgāt

ръчен душ

rokas duša

интимен душ

duša

леген

bļoda

четка за гръб

muguras mazgāšanas birste

сапун

ziepes

душ гел

dušas želeja

шампоан за вана

šampūns

гъба за баня

mazgāšanas drāna

сифон

noteka

крем

krēms

дезодорант

dezodorants

огледало

spogulis

козметично огледало

spogulītis

ръчна самобръсначка

skuveklis

пяна за бръснене

skūšanās putas

одеколон за след
бръснене
losjons pēc skūšanās

гребен

ķemme

четка

matu suka

сешоар

matu fēns

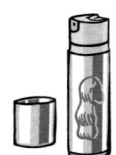

спрей за коса

matu laka

грим

grima komplekts

червило

lūpu krāsa

лак за нокти

nagulaka

памук

vate

ножица за нокти

šķērītes

парфюм

smaržas

тоалетна чантичка

kosmētikas maks

табуретка

ķeblītis

везна

svari

хавлия

halāts

домакински ръкавици

tīrīšanas cimdi

тампон

tampons

дамски превръзки

pakete

химическа тоалетна

ķīmiskā tualete

детска стая

bērnu istaba

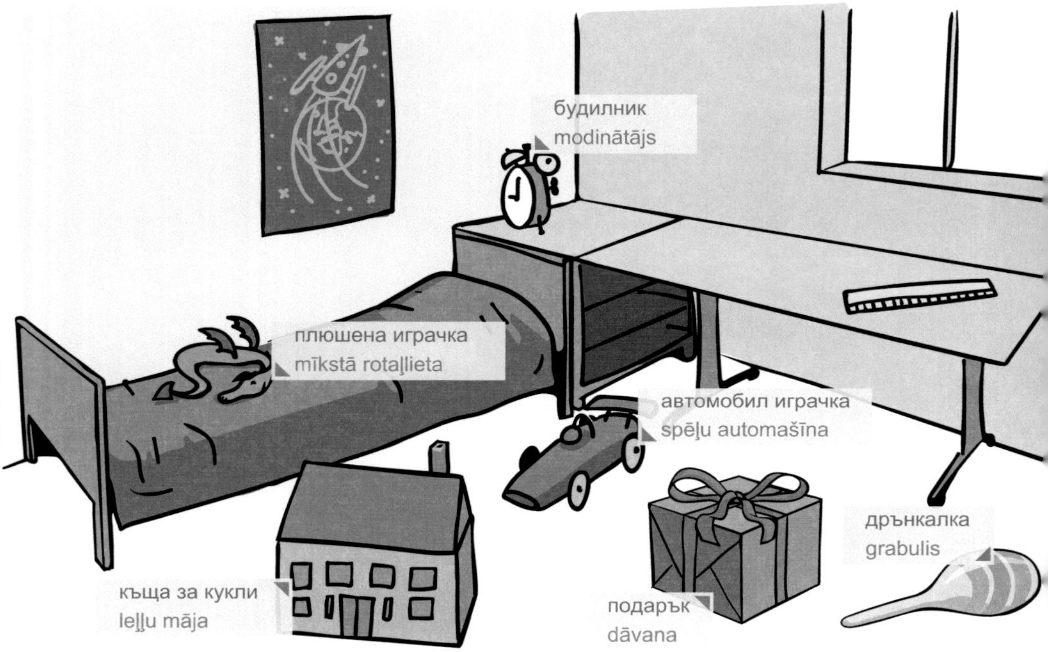
будилник
modinātājs
плюшена играчка
mīkstā rotaļlieta
автомобил играчка
spēļu automašīna
дрънкалка
grabulis
къща за кукли
leļļu māja
подарък
dāvana

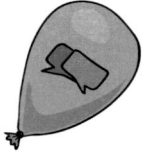

балон

balons

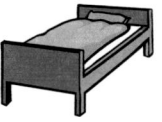

легло

gulta

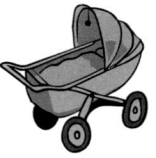

детска количка

bērnu ratiņi

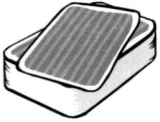

игра на карти

kārtis

пъзел

puzle

SUPER
MEGA

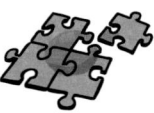

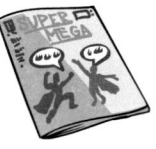

комикс

komikss

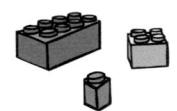

лего елементи

LEGO klucīši

строителни елементи

klucīši

екшън фигурка

varoņu figūra

бебешки гащеризон

rāpulītis

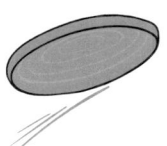

фрисби

lidojošais šķīvītis

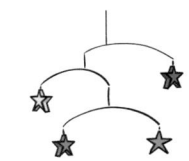

бебешки играчки за легло

muzikālais karuselis

настолна игра

galda spēle

зарче

metamais kauliņš

миниатюрно влакче

rotaļu dzelzceļš

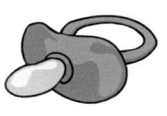

биберон

māneklis

парти

ballīte

детска книга с илюстрации

bilžu grāmata

топка

bumba

кукла

lelle

играя

spēlēt

пясъчник

smilšu kaste

люлка

šūpoles

играчка

rotaļlietas

игрова конзола

spēļu konsole

велосипед с три колелета

trīsritenis

плюшено мече

plīša lācītis

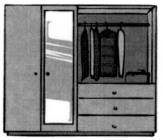

гардероб

drēbju skapis

облекло
apģērbs

къси чорапи

īszeķes

дълги чорапи

zeķes

чорапогащник

zeķbikses

шал
šalle

чадър
lietussargs

Т-шърт
T-krekls

колан
siksna

ботуши
zābaks

пантофи
čības

гуменки
botas

сандали
sandales

обувки
kurpes

гумени ботуши
gumijas zābaki

слип
apakšbikses

сутиен
krūšturis

долна блуза
apakškrekls

боди

bodijs

панталон

bikses

дънки

džinsi

пола

svārki

блуза

blūze

риза

krekls

пуловер

pulovers

суичър

džemperis

блейзър

žakete

яке

jaka

палто

mētelis

дъждобран

lietus mētelis

костюм

kostīms

рокля

kleita

булчинска рокля

kāzu kleita

костюм

uzvalks

нощница

naktskrekls

пижама

pidžama

сари

sari

кърпа за глава

lakats

тюрбан

turbāns

бурка

burka

кафтан

kaftāns

абая

abaja

бански костюм

peldkostīms

плувни шорти

peldbikses

къс панталон

šorti

анцуг

treniņtērps

престилка

priekšauts

ръкавици

cimdi

копче

poga

очила

brilles

гривна

rokassprādze

верижка

kaklarota

пръстен

gredzens

обеца

auskars

каскет

cepure

закачалка

drēbju pakaramais

шапка

platmale

вратовръзка

kaklasaite

цип

rāvējslēdzējs

каска

ķivere

тиранти

bikšturi

ученическа униформа

skolas forma

униформа

uniforma

лигавник
priekšautiņš

биберон
māneklis

пелена
autiņbiksītes

офис
birojs

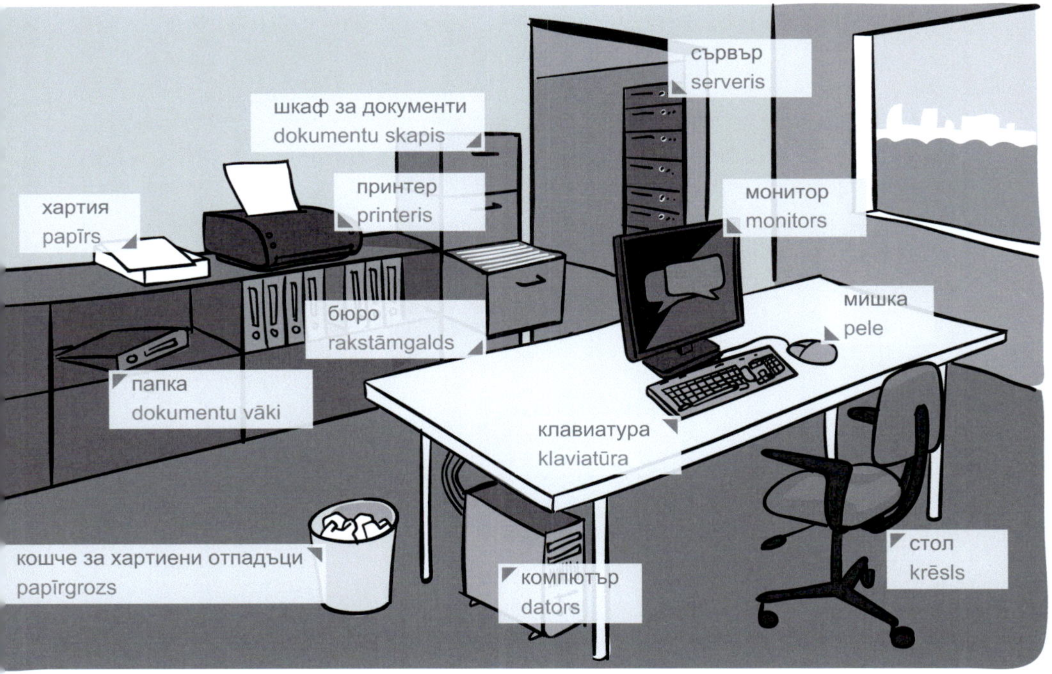

сървър
serveris

шкаф за документи
dokumentu skapis

принтер
printeris

монитор
monitors

хартия
papīrs

бюро
rakstāmgalds

мишка
pele

папка
dokumentu vāki

клавиатура
klaviatūra

кошче за хартиени отпадъци
papīrgrozs

стол
krēsls

компютър
dators

чаша за кафе

kafijas krūze

джобен калкулатор

kalkulators

интернет

internets

лаптоп

portatīvais dators

писмо

vēstule

съобщение

ziņa

мобилен телефон

mobilais tālrunis

мрежа

tīkls

ксерокс

kopētājs

софтуер

programmatūra

телефон

telefons

контакт

rozete

факс

faksa aparāts

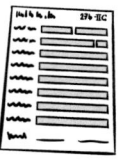

формуляр

formulārs

документ

dokuments

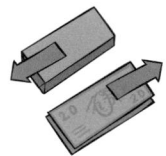

купувам

pirkt

плащам

samaksāt

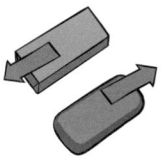

търгувам

tirgot

пари

nauda

долар

dolārs

евро

eiro

йена

jēna

рубла

rublis

швейцарски франк

franks

ренминби юан

juaņa renminbi

рупия

rūpija

банкомат

bankomāts

обменно бюро
valūtas maiņas punkts

злато
zelts

сребро
sudrabs

нефт
nafta

енергия
enerģija

цена
cena

договор
līgums

данък
nodoklis

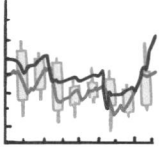

акция
akcija

работя
strādāt

служител
darbinieks

работодател
darba devējs

фабрика
fabrika

магазин за цветя
veikals

професии
profesijas

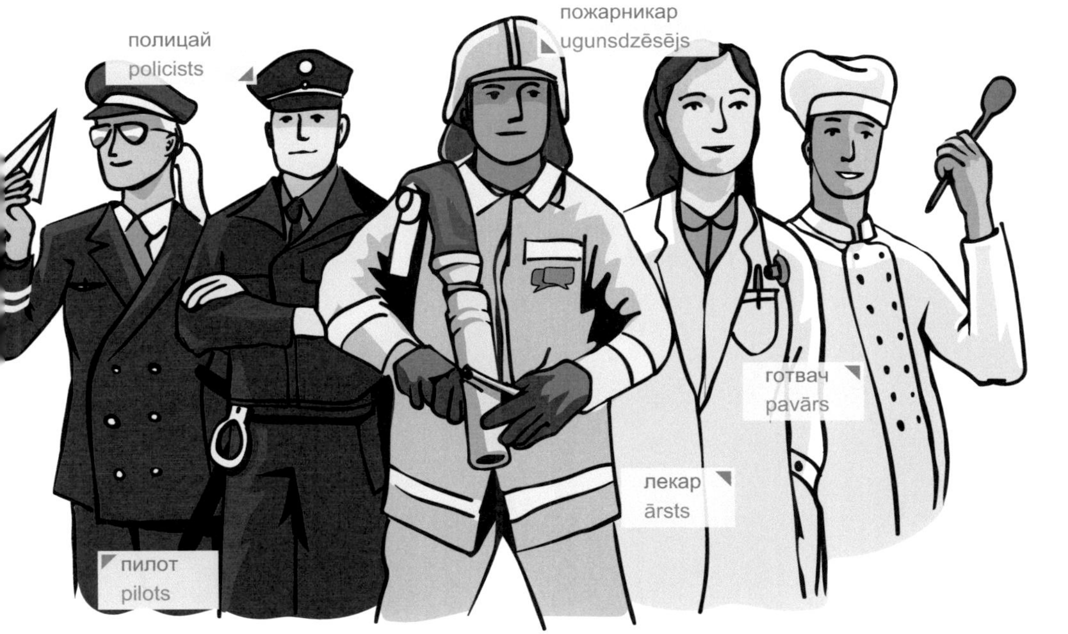
пожарникар
ugunsdzēsējs
полицай
policists
готвач
pavārs
лекар
ārsts
пилот
pilots

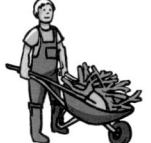

градинар

dārznieks

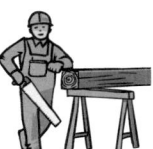

мебелист

galdnieks

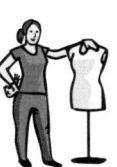

шивачка

šuvēja

съдия

tiesnesis

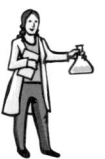

химик

ķīmiķis

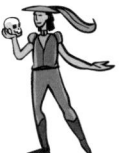

артист

aktieris

шофьор на автобус

autobusa vadītājs

шофьор на такси

taksometra vadītājs

рибар

zvejnieks

чистачка

apkopēja

майстор на покриви

jumiķis

келнер

viesmīlis

ловец

mednieks

художник

gleznotājs

хлебар

maiznieks

електротехник

elektriķis

строителен работник

celtnieks

инженер

inženieris

касапин

miesnieks

тенекеджия

skārdnieks

пощальон

pastnieks

войник

karavīrs

архитект

arhitekts

касиер

kasieris

цветар

florists

фризьор

frizieris

кондуктор

konduktors

механик

mehāniķis

капитан

kapteinis

зъболекар

zobārsts

научен работник

zinātnieks

равин

rabīns

имàм

imāms

монах

mūks

свещеник

mācītājs

инструменти
instrumenti

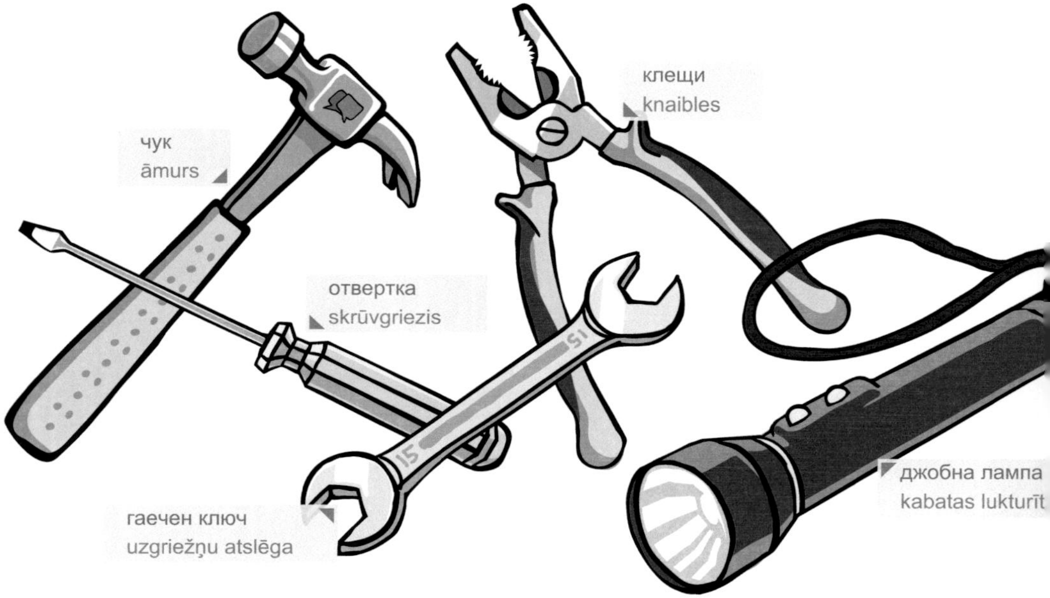

чук
āmurs
клещи
knaibles
отвертка
skrūvgriezis
гаечен ключ
uzgriežņu atslēga
джобна лампа
kabatas lukturīt

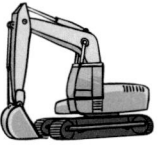

багер

ekskavators

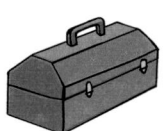

кутия за инструменти

instrumentu kaste

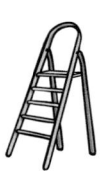

стълба

kāpnes

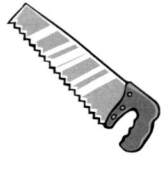

трион

zāģis

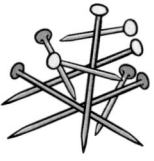

пирони

naglas

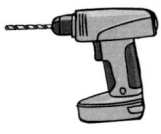

бормашина

urbis

ремонтирам
remontēt

лопата
lāpsta

По дяволите!
Velns!

лопатка за смет
liekšķere

кутия за боя
krāsas bundža

болтове
skrūves

музикални инструменти
mūzikas instrumenti

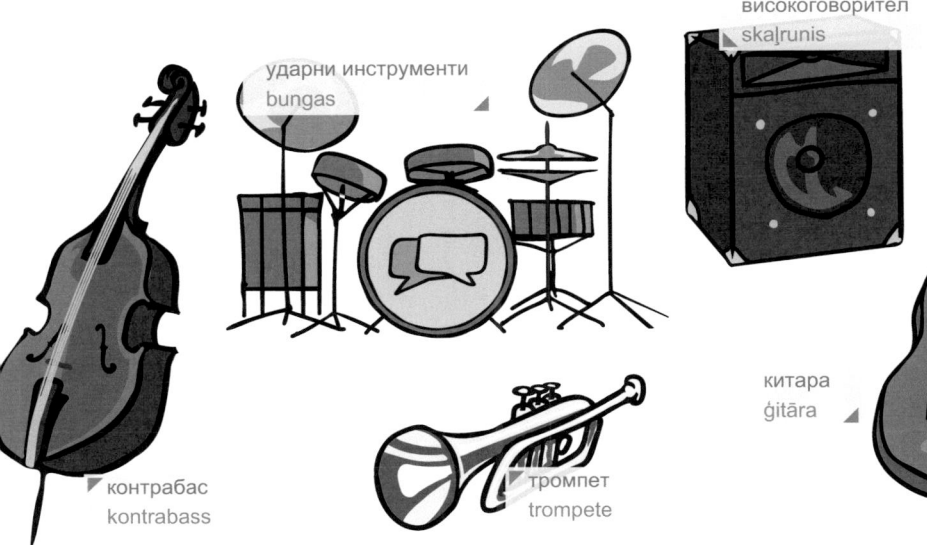

высокоговорител
skaļrunis

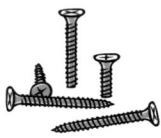

ударни инструменти
bungas

китара
ģitāra

контрабас
kontrabass

тромпет
trompete

пиано

klavieres

виолина

vijole

контрабас

bass

тимпан

timpāni

барабан

bungas

електрическо пиано

digitālās klavieres

саксофон

saksofons

флейта

flauta

микрофон

mikrofons

зоологическа градина
zooloģiskais dārzs

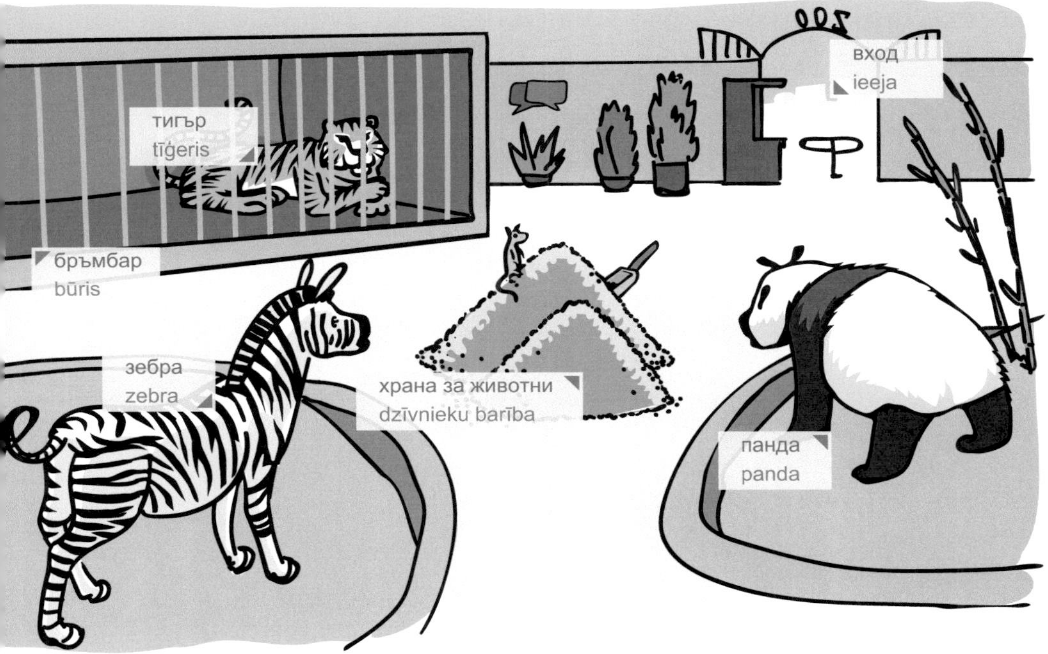
zoo
вход
ieeja
тигър
tīģeris
бръмбар
būris
зебра
zebra
храна за животни
dzīvnieku barība
панда
panda

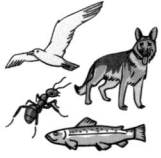

животни

dzīvnieki

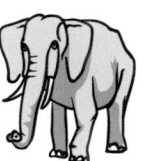

слон

zilonis

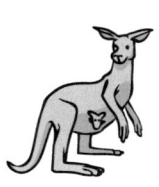

кенгуру

ķengurs

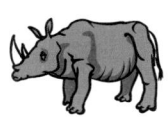

носорог

degunradzis

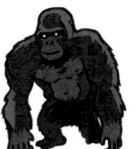

горила

gorilla

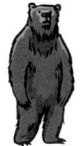

мечка

lācis

камила

kamielis

щраус

strauss

лъв

lauva

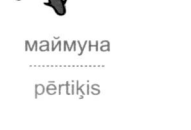

маймуна

pērtiķis

фламинго

flamings

папагал

papagailis

бяла мечка

polārlācis

пингвин

pingvīns

акула

haizivs

паун

pāvs

змия

čūska

крокодил

krokodils

пазач в зоологическа
градина

zoodārza sargs

тюлен

ronis

ягуар

jaguārs

пони

ponijs

леопард

leopards

хипопотам

nīlzirgs

жираф

žirafe

орел

ērglis

диво прасе

meža cūka

риба

zivs

костенурка

bruņurupucis

морж

valzirgs

лисица

lapsa

газела

gazele

американски футбол
amerikāņu futbols

колоездене
riteņbraukšana

тенис
teniss

баскетбол
basketbols

плуване
peldēšana

бокс
bokss

хокей на лед
hokejs

футбол
futbols

бадминтон
badmintons

лека атлетика
vieglatlētika

хандбал
rokas bumba

ски бягане
slēpošana

поло
polo

дейности
darbības

смея се
smieties
скачам
lēkt
прегръщам
apskaut
вървя
iet
пея
dziedāt
сънувам
sapņot
моля се
lūgt
целувам
skūpstīt

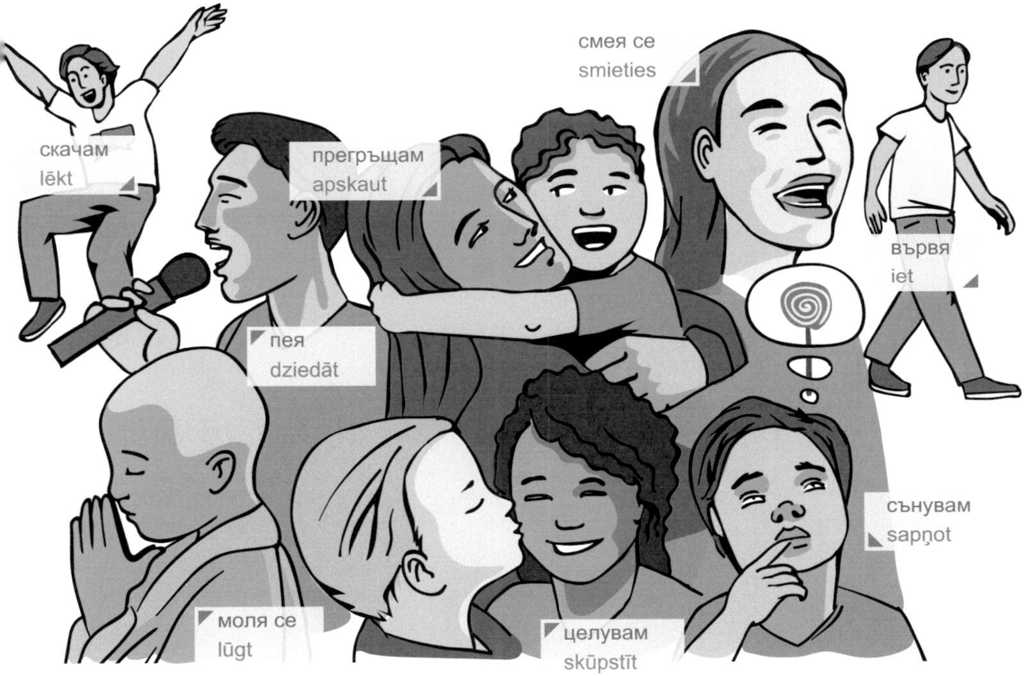

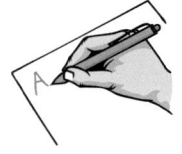

пиша
rakstīt

рисувам
zīmēt

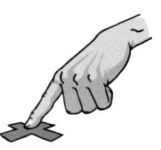

показвам
rādīt

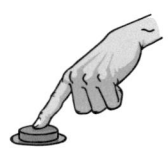

бутам
spiest

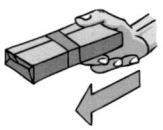

давам
dot

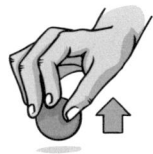

взимам
ņemt

имам

būt

правя

darīt

съм

būt

стоя

stāvēt

тичам

skriet

дърпам

vilkt

хвърлям

mest

падам

krist

лежа

gulēt

чакам

gaidīt

нося

nest

седя

sēdēt

обличам

uzģērbt

спя

gulēt

събуждам се

pamosties

разглеждам

skatīties

плача

raudāt

милвам

glāstīt

реша се

ķemmēt

говоря

runāt

разбирам

saprast

питам

jautāt

слушам

dzirdēt

пия

dzert

ям

ēst

разтребвам

sakārtot

обичам

mīlēt

готвя

vārīt

карам автомобил

braukt

летя

lidot

плавам (с платна)

burot

смятане

rēķināt

чета

lasīt

уча

mācīties

работя

strādāt

женя се

precēties

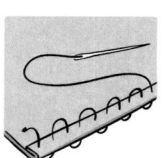

шия

šūt

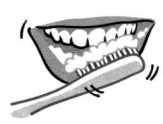

измивам си зъбите

tīrīt zobus

убивам

nogalināt

пуша

smēķēt

изпращам

sūtīt

семейство
ģimene

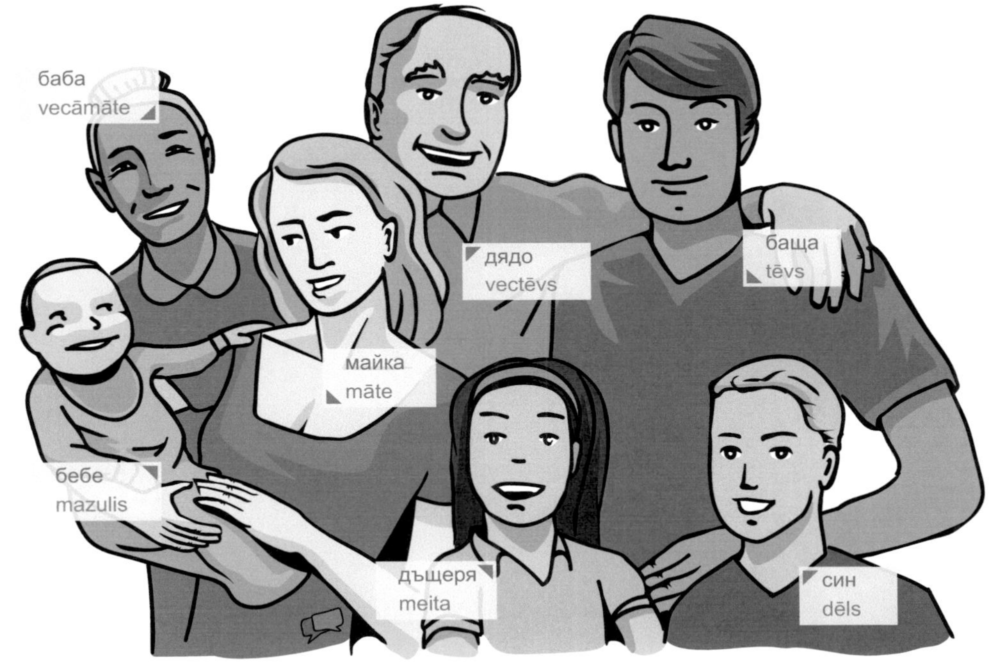
баба
vecāmāte
дядо
vectēvs
баща
tēvs
майка
māte
бебе
mazulis
дъщеря
meita
син
dēls

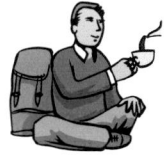

посетител
viesis

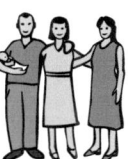

леля
tante

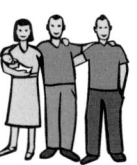

чичо
onkulis

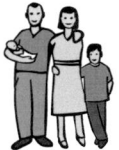

брат
brālis

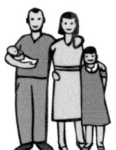

сестра
māsa

тяло
ķermenis

чело
piere
око
acs
рамо
plecs
пръст
pirksts
лице
seja
брадичка
zods
ръка
roka
крак
kāja
гърди
krūtis
ръка
roka

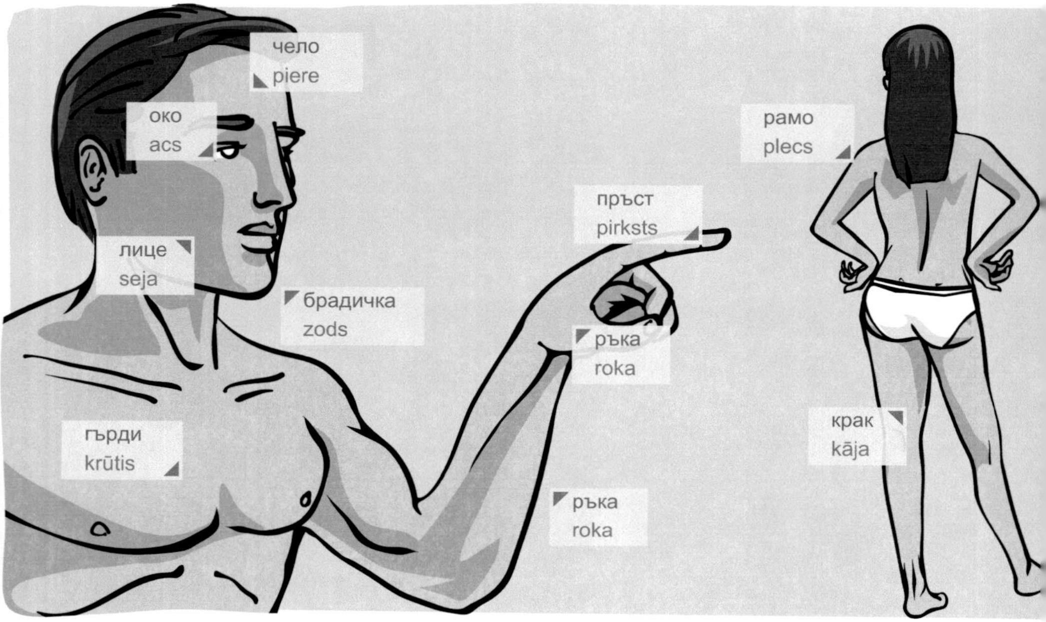

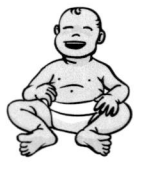

бебе

mazulis

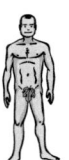

мъж

vīrietis

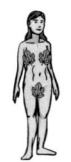

жена

sieviete

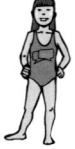

момиче

meitene

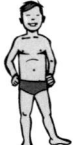

момче

zēns

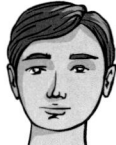

глава

galva

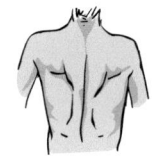

гръб

mugura

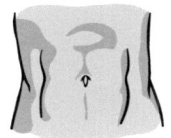

корем

vēders

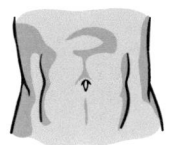

пъп

naba

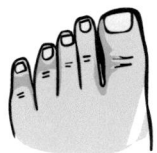

пръст на крака

kājas pirksts

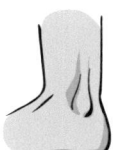

пета

papēdis

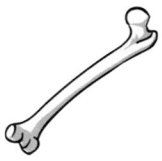

кост

kauls

хълбок

gurns

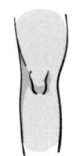

коляно

celis

лакът

elkonis

нос

deguns

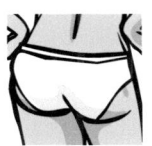

седалище

dibens

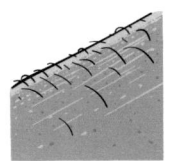

кожа

āda

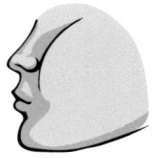

буза

vaigs

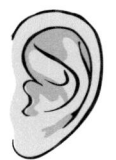

ухо

auss

устна

lūpa

уста

mute

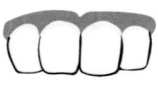

зъб

zobs

език

mēle

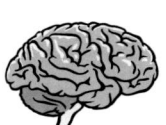

мозък

smadzenes

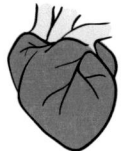

сърце

sirds

мускул

muskulis

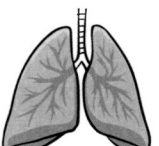

бял дроб

plaušas

черен дроб

aknas

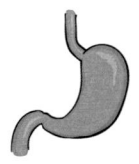

стомах

kuņģis

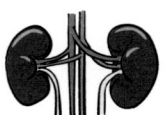

бъбреци

nieres

полово сношение

dzimumakts

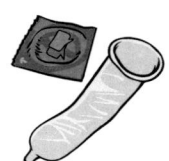

кондом

kondoms

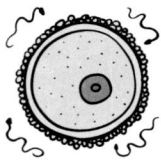

яйцеклетка

olšūna

сперма

sperma

бременност

grūtniecība

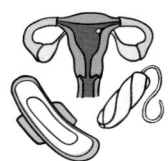

менструация

menstruācijas

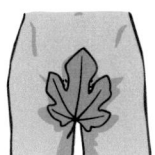

вагина

vagīna

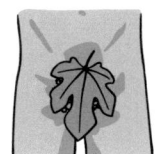

пенис

penis

вежда

uzacs

коса

mati

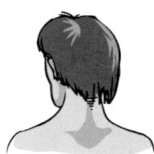

шия

kakls

болница
slimnīca

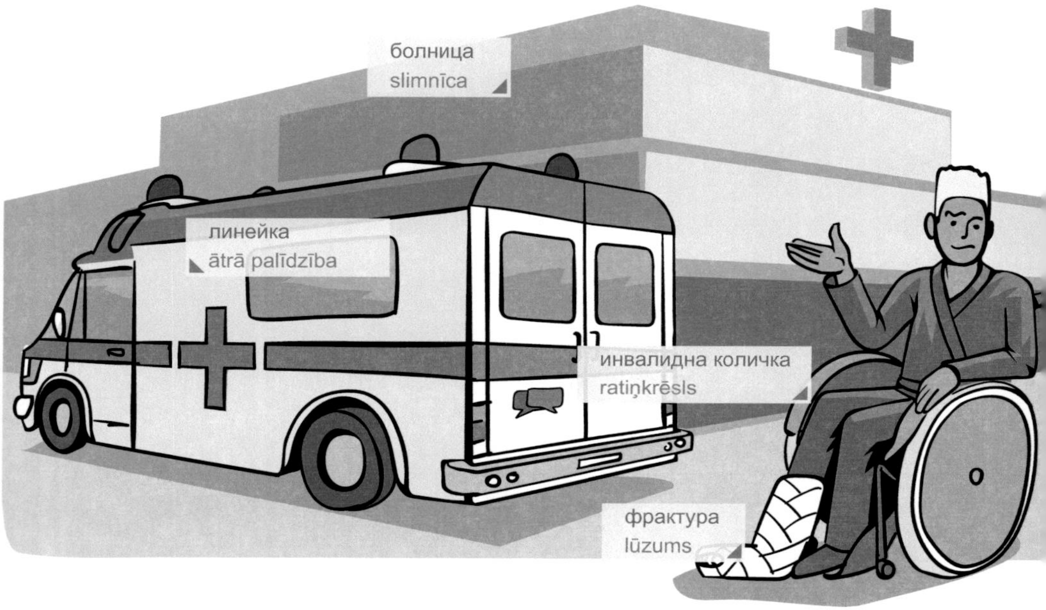

болница
slimnīca
линейка
ātrā palīdzība
инвалидна количка
ratiņkrēsls
фрактура
lūzums

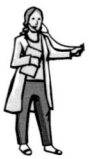

лекар

ārsts

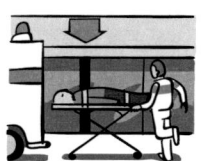

спешна хоспитализация

neatliekamās palīdzības nodaļa

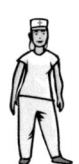

медицинска сестра

medmāsa

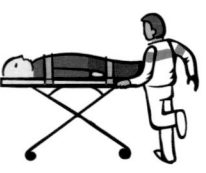

спешен случай

ārkārtas gadījums

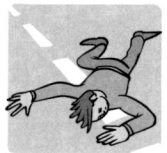

в безсъзнание

paģībis

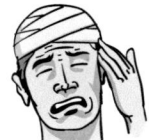

болка

sāpes

нараняване

ievainojums

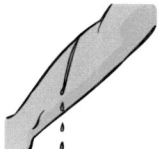

кървене

asiņošana

инфаркт

sirdslēkme

инсулт

insults

алергия

alerģija

кашлица

klepus

температура

temperatūra

грип

gripa

диария

caureja

главоболие

galvassāpes

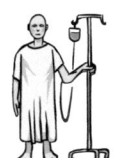

рак

vēzis

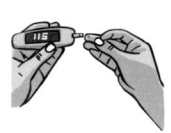

диабет

diabēts

хирург

ķirurgs

скалпел

skalpelis

операция

operācija

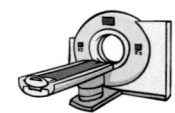

компютърна томография

datortomogrāfija

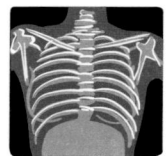

рентген

rentgents

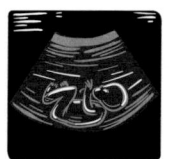

ултразвук

ultraskaņa

маска

sejas maska

болест

slimība

чакалня

uzgaidāmā telpa

патерица

kruķis

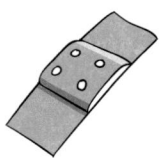

пластир

plāksteris

превръзка

apsējs

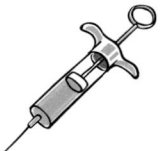

инжекция

injekcija

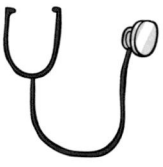

стетоскоп

stetoskops

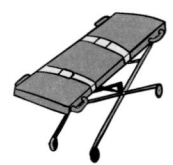

носилка

nestuves

термометър

termometrs

раждане

dzemdības

наднормено тегло

liekais svars

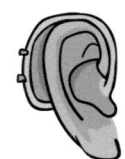

слухов апарат

dzirdes aparāts

дезинфекционно средство

dezinfekcijas līdzeklis

инфекция

infekcija

вирус

vīruss

HIV / AIDS

HIV / AIDS

медицина

zāles

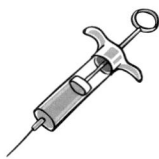

ваксинация

pote

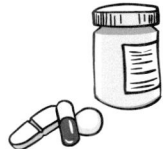

таблети

tabletes

противозачатъчна
таблетка
pretapauglošanās tablete

спешно телефонно
обаждане
ārkārtas izsaukums

апарат за измерване на
кръвното налягане

asinsspiediena mērītājs

болен / здрав

slims / vesels

Помощ!

Palīgā!

сигнал за тревога

trauksme

нападение

uzbrukums

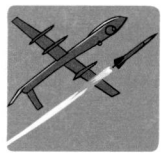

атака

uzbrukums

опасност

bīstamība

авариен изход

avārijas izeja

Пожар!

Uguns!

пожарогасител

ugunsdzēšamais aparāts

злополука

negadījums

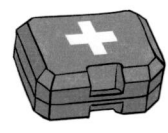

комплект за оказване на
първа помощ

pirmās palīdzības aptieciņa

SOS

SOS

полиция

policija

Европа

Eiropa

Северна Америка

Ziemeļamerika

Южна Америка

Dienvidamerika

Африка

Āfrika

Азия

Āzija

Австралия

Austrālija

Атлантически океан

Atlantijas okeāns

Тихи океан

Klusais okeāns

Индийски океан

Indijas okeāns

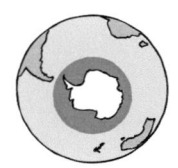

Южен ледовит океан

Dienvidu okeāns

Северен ледовит океан

Ziemeļu ledus okeāns

Северен полюс

Ziemeļpols

Южен полюс

Dienvidpols

Антарктида

Antarktika

Земя

zeme

суша

zeme

море

jūra

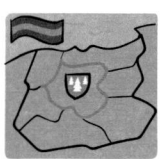

остров

sala

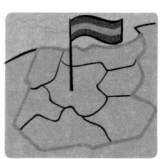

нация

nācija

държава

valsts

циферблат

ciparnīca

стрелка на часовете

stundu rādītājs

стрелка на минутите

minūšu rādītājs

стрелка на секундите

sekunžu rādītājs

Колко е часът?

Cik ir pulkstenis?

ден

diena

време

laiks

сега

tagad

дигитален часовник

digitālais pulkstenis

минута

minūte

час

stunda

седмица

nedēļa

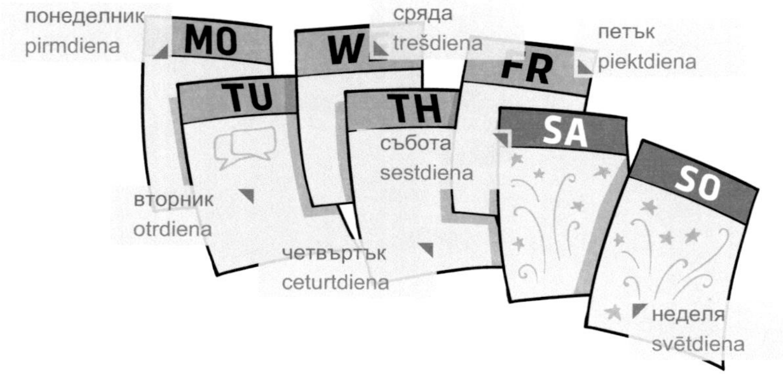
понеделник
pirmdiena
MO
TU
W
сряда
trešdiena
TH
FR
петък
piektdiena
SA
SO
вторник
otrdiena
събота
sestdiena
четвъртък
ceturtdiena
неделя
svētdiena

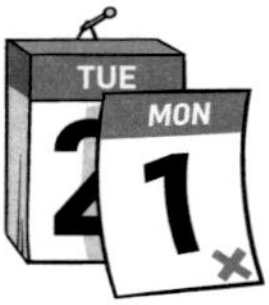
TUE
MON
2
1

вчера

vakardien

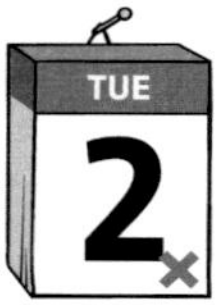
TUE
2

днес

šodien

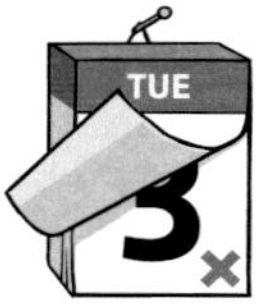
TUE
3

утре

rītdien

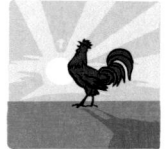

сутрин

rīts

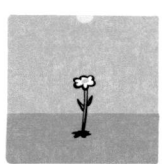

обед

pusdienlaiks

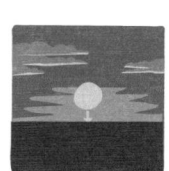

вечер

vakars

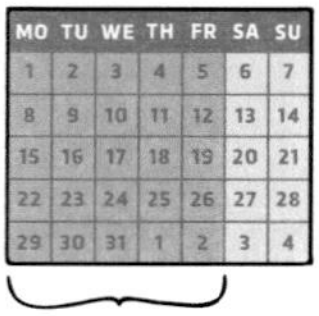
MO TU WE TH FR SA SU
1 2 3 4 5 6 7
8 9 10 11 12 13 14
15 16 17 18 19 20 21
22 23 24 25 26 27 28
29 30 31 1 2 3 4

работни дни

darbadienas

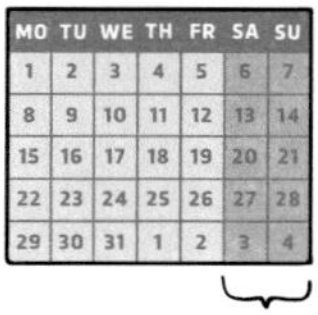
MO TU WE TH FR SA SU
1 2 3 4 5 6 7
8 9 10 11 12 13 14
15 16 17 18 19 20 21
22 23 24 25 26 27 28
29 30 31 1 2 3 4

уикенд

brīvdienas

дъжд
lietus

дъга
varavīksne

сняг
sniegs

вятър
vējš

пролет
pavasaris

есен
rudens

лято
vasara

зима
ziema

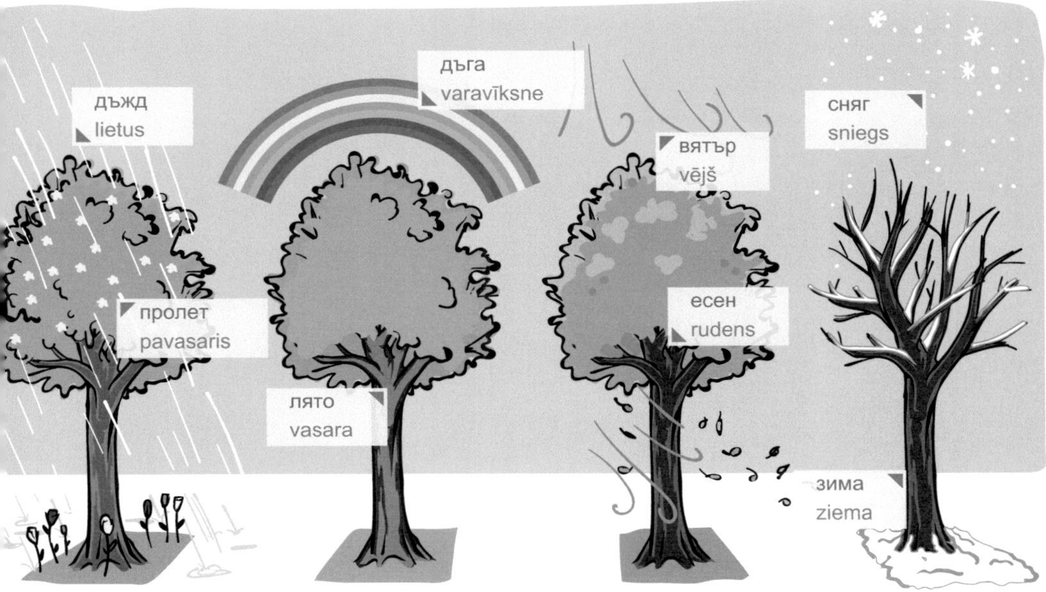

прогноза за времето

laika prognoze

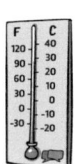

термометър

termometrs

слънчева светлина

saules gaisma

облак

mākonis

мъгла

migla

влажност на въздуха

gaisa mitrums

светкавица
zibens

гръмотевица
pērkons

буря
vētra

градушка
krusa

мусон
musons

наводнение
plūdi

лед
ledus

януари
janvāris

февруари
februāris

март
marts

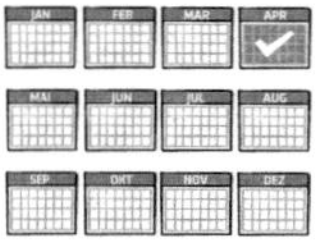

април
aprīlis

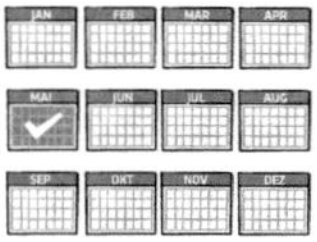

май
maijs

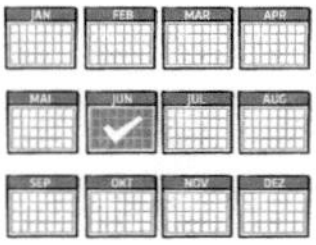

юни
jūnijs

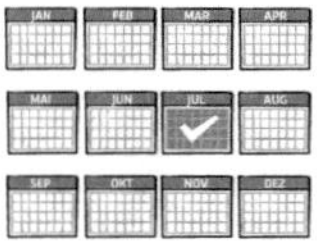

юли
jūlijs

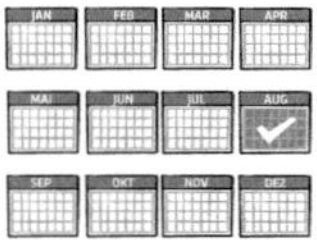

август
augusts

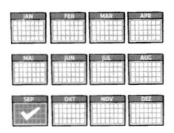

септември

septembris

октомври

oktobris

ноември

novembris

декември

decembris

форми

formas

кръг

aplis

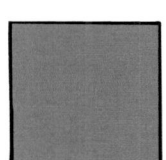

квадрат

kvadrāts

четириъгълник

četrstūris

триъгълник

trīsstūris

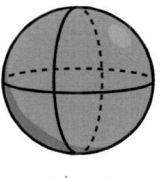

сфера

lode

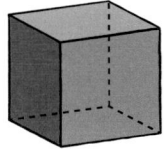

куб

kubs

бял

balts

жълт

dzeltens

оранжев

oranžs

розов

sārts

червен

sarkans

лилав

lillā

син

zils

зелен

zaļš

кафяв

brūns

сив

pelēks

черен

melns

много / малко

daudz / maz

ядосан / спокоен

saniknots / miermīlīgs

красив / грозен

skaists / neglīts

начало / край

sākums / beigas

голям / малък

liels / mazs

светъл / тъмен

gaišs / tumšs

брат / сестра

brālis / māsa

чист / мръсен

tīrs / netīrs

пълен / непълен

pilnīgs / nepilnīgs

ден / нощ

diena / nakts

мъртъв / жив

miris / dzīvs

широк / тесен

plats / šaurs

ядлив / неядлив

baudāms / nebaudāms

сърдит / любезен

nikns / laipns

развълнуван / скучаещ

satraukts / garlaikots

дебел / тънък

resns / tievs

най-напред / най-накрая

pirmais /pēdējais

приятел / враг

draugs / ienaidnieks

пълен / празен

pilns / tukšs

твърд / мек

ciets / mīksts

тежък / лек

smags / viegls

глад / жажда

izsalkums / slāpes

болен / здрав

slims / vesels

нелегален / легален

nelegāls / legāls

интелигентен / глупав

inteliģents / dumjš

ляво / дясно

kreisais / labais

близо / далече

tuvu / tālu

нов / употребяван

jauns / lietots

нищо / нещо

nekas / kaut kas

стар / млад

vecs / jauns

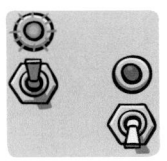

вкл. / изкл.

ieslēgts / izslēgts

отворен / затворен

atvērts / slēgts

тих / силен (звук)

kluss / skaļš

богат / беден

bagāts / nabags

правилен / погрешен

pareizi / nepareizi

грапав / гладък

raupjš / gluds

тъжен / щастлив

noskumis / laimīgs

дълъг / къс

īss / garš

бавен / бърз

lēns / ātrs

мокър / сух

slapjš / sauss

топъл / студен

silts / vēss

война / мир

karš / miers

0

нула

nulle

1

едно

viens

2

две

divi

3

три

trīs

4

четири

četri

5

пет

pieci

6

шест

seši

7

седем

septiņi

8

осем

astoņi

9

девет

deviņi

10

десет

desmit

11

единадесет

vienpadsmit

12

дванадесет

divpadsmit

13

тринадесет

trīspadsmit

14

четиринадесет

četrpadsmit

15

петнадесет

piecpadsmit

16

шестнадесет

sešpadsmit

17

седемнадесет

septiņpadsmit

18

осемнадесет

astoņpadsmit

19

деветнадесет

deviņpadsmit

20

двадесет

divdesmit

100

сто

simts

1.000

хиляда

tūkstotis

1.000.000

милион

miljons

английски
....
anglu

американски английски
....
amerikāņu anglu

китайски мандарин
....
ķīniešu mandarīnu valoda

хинди
....
hindi

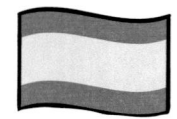

испански
....
spāņu

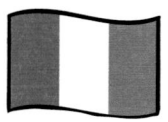

френски
....
franču

арабски
....
arābu

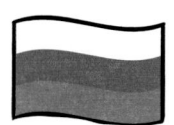

руски
....
krievu

португалски
....
portugāļu

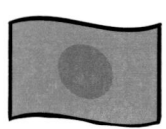

бенгалски
....
bengāļu

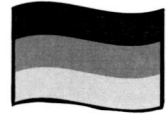

немски
....
vācu

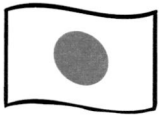

японски
....
japāņu

аз

es

ти

tu

той / тя / то

viņš / viņa

ние

mēs

вие

jūs

те

viņi / viņas

кой?

kas?

какво?

ko?

как?

kā?

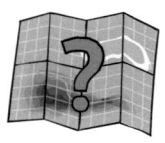

къде?

kur?

кога?

kad?

име

vārds

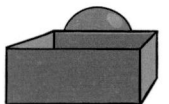

зад

aiz

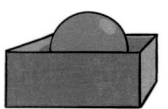

в

iekšā

пред

priekšā

над

virs

върху

uz

под

zem

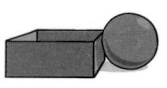

до

blakus

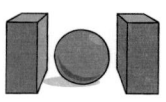

между

starp

място

vieta